Einsteins Schwester

Lesespaß mit Lola

von Anne Scheller

und Yo Rühmer

Cornelsen

Lesetipps für Kinder

Lies mal laut – mal leise,

mal schnell wie die Feuerwehr –

mal langsam wie eine Schnecke.
Am besten jeden Tag 5 Minuten.

Nimm ein Blatt Papier.

Male oder schreibe auf,
was du gelesen hast.

Erzähle Mama oder Papa,
Oma oder Opa davon.

Lies deiner Freundin oder deinem Freund,
deiner Schwester oder
deinem Bruder vor.

Inhaltsverzeichnis

4
Au au
G g
Z z
Sch sch
ie
Brief
Eu eu
Ch ch
Buch
Milch

5
J j
Ö ö
St st
Ä ä
Ü ü
Sp sp
ng
V v
Äu äu
Ring
Häuser

6
nk
X x
Y y
ß
Bank
Baby
Fuß
Qu qu
C c

Lola ist ☆☆☆☆.

Oma ist ☆☆☆.

Tim ist ☆☆☆☆.

Lisa, Tim, Lola

Lisa malt Lola.

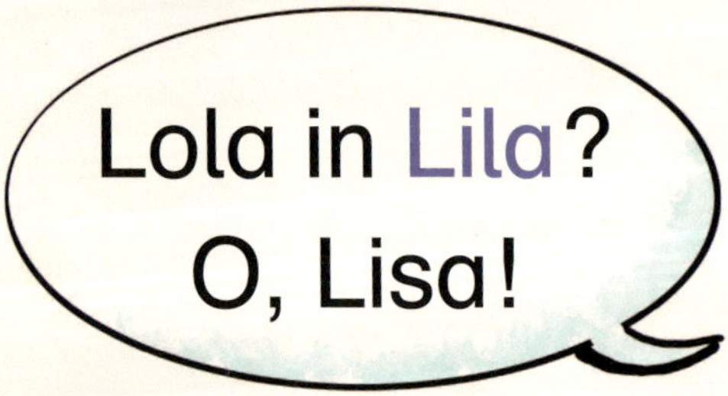

Also los, Tim!
Lass mal, Lisa!

Lola ist ...

Lama im Tal

Lola ist mit Tim im Tal.

Also ist Tim mit Lola im Tal.

O-oo, Lama!
Los, Lola!

Aaa!
Lass los, Lama!
Mist,
am Ast ist Moos.

So ist Lisa mal Lama,
mal Lisa. So, so!

Buchstabenheft 2
d
n
U
K
A
N
e
P
p
u
E
k
D
M
Me
la
nas
te
ne
Keks
To
lo
na
ma
A
Sa
mi

Enten-Lola

Lola ist am See und isst Ananas.
Mitten im See ist ’ne Insel
mit Mama-Ente, Papa-Ente
und den Mini-Enten.

O, ist das nett!

Da kommen alle Mini-Enten!

Essen Enten denn Ananas?

Nee, Lola, Enten und essen!

Das ist dumm!

Dann isst Lola Kekse.
Mm, tolle Kekse.
Sollen Enten denn Kekse essen?
Seltsame Lola, lass das mal.

Lola musste pupsen!
Nun sind alle Enten im See.
Und Lola ist nass.

Lola im Laden

Lola kommt in den Laden.

Da sind Tassen.

Da sind Lampen.

Da sind Sessel.

Aa, und da ist das Essen!

Und nun Salami.

Upsala!
Es ist alles nur Tinte im Laden.
Tante Lena testet alle Lampen.

Dann kann man alles nur tasten: Das ist 'ne Salami. Und da sind Tomaten, Pampelmusen und Nudeln …
Melonen, Kekse und Limonade … Tolle Idee, Lola!

Seltsames Essen.
Passt das denn alles?
Na, dann mal los!

Buchstabenheft 3

Schreibe richtig auf.

~~Reise~~
Weltall
Ferne
Himmel
oben
Wind

Bb	Ff	Ei ei	Rr	Hh	Ww
		Reise	Reise		

Im Weltall

Das ist Lolas Bruder.
Er malt ein Bild
mit Rot und Silber.

Lola meint:
„Das ist eine Brille."

Lolas Bruder ruft:
„Nein, das ist keine Brille!"

„Ist es ein Fahrrad?"

Lolas Bruder antwortet:
„Nein, das ist kein Fahrrad!
Das ist ein Ruderboot im Weltall.“

Lola meint:
„Im Weltall ist aber kein Wasser.
Da kann man kein Ruderboot nehmen.“

„Na klar“, findet Einstern.
„Im Weltall ist Weltall-Wasser.
Das ist sehr nass.“

Lola will wissen:
„Kann Lola mit in dein Boot?“

„Na, und ob!“, ruft Lolas Bruder.
„Allein ist es im Weltall total einsam.
Du musst das Boot rudern.“

„Und mein Bruder kann
den Himmel ansehen?“

„So ist es. Und alle Planeten
und Monde und …“

„Super!“, ruft Lola und plumpst ins Boot.
„Du hast eine bessere Arbeit als Lola“,
meint Lola.

„Bin halt ein Himmel-Anseher!
Und du?“

Lola will feiern

Lola will feiern.
Da sind Eis und Kekse und
Ananas und Limo und Saft.
Lola wartet und wartet.

„Mmh, Eis mit
Obstsalat.
Das ist so klasse!
Aber wo bleiben nur
Lisa und Tim?“

„Willst du mit mir feiern, Lisa?
Kommst du? O, bitte!“

Lisa will lesen.
Das Leseheft ist so toll.
„Super Idee, Lola“, findet Lisa,
„aber muss es sofort sein?“

Immer will Lisa nur lesen.
„Dann eben eine Feier
ohne Lisa“, meint Lola.

Nun ist Lola bei Tim.
Lola will wissen,
ob Tim mitfeiern will.

„Willst du mit mir feiern,
Tim? Bitte!“

„Super Idee, Lola“, meint Tim,
„aber mein Bruder und
seine Kumpel sind da!“

„Eine Feier ohne Lisa und Tim?
Hmm …“

Lola will feiern.
Da sind Eis mit Obstsalat
und Kekse und Limo und Saft.
Aber Lola hat keinen Appetit!
Tim und Lisa fehlen …
„Ohne Lisa und Tim ist das Feiern
total doof."
Was nun?

Lisa und Tim rufen:
„Ha-ha, Lola! Da sind wir!
Wir wollen mit dir feiern!“
Lola ruft: „Hurra, ihr seid da!
Die Feier wird super!“

Buchstabenheft 4

In der Schule gibt es:

P ☆ ☆ SEN- ☆ LOCKE

☆ ☆ ☆ UL-BU ☆ ☆

SP ☆ ☆ LE

FR ☆ ☆ NDE

Lesezauber

Lisa hat Pause. Sie geht auf den Schulhof.
Wo bleibt nur ihre Freundin Pauline?
Lisa fragt ihre Lehrerin.
„Pauline hat die Grippe“, sagt die.
„Sie kommt heute nicht.“
„Oh“, sagt Lisa.

Da kommt Tim zu Lisa gerannt.
„Hallo, Lisa!“, ruft er,
„ich habe ein Lob in Rechnen bekommen!
Ist das nicht toll?“

„Mmh“, sagt Lisa.
„Komm, wir machen ein Wettrennen!“,
meint Tim.
„Mmh“, sagt Lisa.
„Was ist denn mit dir los?“, fragt Tim.
„Ist dir schlecht?“
„Mir geht es gut“, sagt Lisa. „Aber meiner
Freundin Pauline nicht. Sie hat die Grippe.“
„Die wird sicher schnell wieder gesund“,
sagt Tim. „Ich muss los, ich habe gleich Turnen.
Bis dann, Lisa!“ Tim rennt fort.

Lisa zieht an einer Blume,
bis die Knospe abbricht.

„He! Was machst du da?“
Lisa dreht sich um und sieht Lola.
„Hallo, Lisa!“
„Mmh“, sagt Lisa.
„Welche Laus tanzt denn
auf deiner Leber herum?“
„Mmh“, sagt Lisa.

Lola legt einen Arm um Lisa.
„Nun sag schon!“ Lisa seufzt.
„Meine Freundin Pauline kommt heute nicht
in die Schule. Gleich haben wir Deutsch,
und Pauline kann so toll laut lesen!
Sie hilft mir immer dabei.“

Lola lacht. „Dann helfe ich dir heute.
Nimm einfach meine Zauberkreide,
und tu sie in deine Hosentasche.
Damit liest du alles wie im Traum.“

Die Zaubermaus

Heute geht Lola mit Lisa und Tim in die Schule.
Lisa und Tim haben Rechnen.
Doch was ist das? Lisas Buch ist leer!
Die Seiten sind ganz ohne Zahlen.
„Was mache ich denn nun?“, fragt Lisa.

Lola raunt: „Warte, ich helfe dir.
Ich zaubere die Zahlen wieder her.

Abraka-Simsala,
eins,
zwei,
drei –
bimm!“

Nichts geschieht.

Tim kichert. „Ich glaube, du hast
den falschen Zauber erwischt!“
„Ach wo!“, sagt Lola, „ich habe nur genuschelt.
Hem, hem!“ Sie hustet.

„Abraka Rechenbuch,
Simsala Kuchentuch,
eins-zwei-drei Zahlenmaus,
im Sauseschritt
komm heraus!“

„Bimm!“
macht Lolas Zauberkreide.

„Piep, piep!“,
macht die Maus auf Lisas Buch.

„Wer bist du denn?“, fragt Tim.
„Ich bin die Zaubermaus!“,
sagt die Zaubermaus.
„Ihr habt mich gerufen, oder nicht?“
„Nein, nein“, sagt Lola schnell.
„Ich wollte die Zahlenmaus,
nicht die Zaubermaus.“

„Ach so.“ Die Barthaare der Zaubermaus
werden ganz schlapp. „Dann gehe ich wieder.“
„Warte!“, ruft Lisa. „Hilf uns bitte!
Die Zahlen sollen wieder in mein Rechenbuch.“

„Schwierig." Die Zaubermaus knabbert an ihrer Pfote. „Mit Zahlen kennt sich die Zahlenmaus besser aus als ich."
„Aber ich", sagt Lola, „kenne mich mit Zahlen ganz toll aus! Hat mir mein Bruder beigebracht. Nur das Zaubern klappt heute nicht so gut."
Lola wird ein bisschen rot.
„Warum zaubert ihr nicht gemeinsam?", fragt Tim.

Die Zaubermaus klettert auf Lolas Schulter.
Zusammen zaubern sie alle Zahlen in Lisas Buch hinein.
Bis auf eine ganz kleine.
Die bekommt die Zaubermaus.

Schreibe auf.

ä ö ü

Wuffi in Gefahr

Endlich Sommerferien!
Lisa und Tim fahren ins Zeltlager.

„Schade, dass Lola nicht mitkommt“, meint Tim.
„Stimmt“, findet auch Lisa.
Doch als Lisa und Tim aus dem Bus steigen,
vergessen sie schnell, dass sie
ihre Freundin vermissen.

Der Zeltplatz liegt an einem See.
Hier kann man schwimmen und Boot fahren.
„Schau mal da, ein Lagerfeuer!“, ruft Tim.
„Und ein Indianerlager!“, ruft Lisa.
Das werden sicher tolle Ferien.

Tim und Lisa bringen ihre Taschen ins Zelt.
Und wer sitzt da auf der Schlafmatte?
„Lola!“, schreit Lisa.
„Psst“, macht Lola. „Es soll keiner wissen,
dass ich hier bin. Das ist ein Zeltlager
für Schulkinder, und das bin ich ja nicht.“
Tim kichert. „Toll, dass du da bist, Lola.
Wollen wir zum See gehen?“

Lola, Lisa und Tim laufen zum Ufer.
Sie werfen Kieselsteine ins Wasser und
spritzen sich nass. Da hören die drei
plötzlich ein merkwürdiges Geräusch.

„Was ist denn das?“, fragt Lisa.
„Eine Autotür knarrt“, meint Tim.
„Nein“, sagt Lola, „ein Hund winselt.
Vielleicht ist er in Gefahr.“
„Wir müssen ihn finden!“, ruft Lisa.
Tim läuft los. „Hier entlang.“

Hinter einem Busch finden die drei Freunde
ein kleines, braunes Fellbündel.
„Wie niedlich!“ Lisa nimmt den Hund
auf den Arm.
„Die Leine hängt im Busch fest.
Er konnte nicht weg“, erklärt Tim.
Der kleine Hund jault und kläfft.
„Vermisst du dein Herrchen?“, fragt Lola
den Vierbeiner. „Wir suchen es.“

„Wir suchen zuerst am Parkplatz“, schlägt Tim vor.
Lola trägt den kleinen Hund.
Tim und Lisa fragen alle Leute:
„Vermissen Sie einen Hund?“
„Wuffi!“ Eine alte Dame läuft auf Lola, Lisa und Tim zu. Der Vierbeiner springt auf ihren Arm und schlabbert mit seiner Zunge durch ihr Gesicht. „Ich habe mir solche Sorgen gemacht! Du sollst doch nicht weglaufen.“
Die Dame lacht und weint zugleich.
„Wuffi und sein Frauchen sind wieder fröhlich“, flüstert Lola. „Und wir machen jetzt endlich Ferien.“

Geisteralarm

Lola erzählt: „Am Wochenende fahre ich zu Tante Elli. Sie wohnt in einem Schloss."
„Ein echtes Schloss?", fragt Lisa.
„Wie im Märchen? Wie schön!"
„Wirklich, ein Schloss?", fragt Tim.
„Gibt es da Gespenster? Wie gruselig!"
Lola lacht. „Ja, es ist ein Schloss wie im Märchen. Und natürlich hat Schloss Spukstein auch Gespenster. Wollt ihr mitkommen?"
„Au ja!", schreit Tim.
„Jippie!", ruft Lisa.

Am zwölften Dezember um zwölf Uhr zwölf kommen Lola, Lisa und Tim auf Schloss Spukstein an.
„Willkommen!“, sagt Tante Elli, eine Frau mit grauem Haar und unzähligen Runzeln im Gesicht.
„Ihr kommt mich an einem gespenstischen Tag besuchen: Heute treffen sich die Schlossgespenster. Und zwar hier, auf Schloss Spukstein.“
„Super, Tante Elli!“, ruft Lola. „Ich wollte schon immer echte Gespenster sehen.“
Lisa und Tim sagen nichts.
„Ich zeige euch eure Zimmer“, sagt Tante Elli. „Hier entlang.“

Lola, Tim und Lisa folgen Tante Elli ins Schloss.

„Das orangefarbene Zimmer ist für Lola“, krächzt Tante Elli und öffnet eine Tür zu einem Zimmer, das ganz in Orange eingerichtet ist. „Das blaue Zimmer ist für Lisa und das grüne für Tim. Gute Nacht, es ist schon spät.“ Tante Elli schiebt Lisa und Tim in ihre Schlafzimmer.

Tim schüttelt sich. Ganz alleine soll er bleiben? Mitten in der Nacht in einem Spukschloss? Auf keinen Fall. Dann verpasst er doch alles! Vorsichtig öffnet Tim die Zimmertür. Auf beiden Seiten lugen die Köpfe von Lola und Lisa aus den Türen.

„Wollt ihr auch zu den Gespenstern?“, fragt Lola. „Sicher treffen sie sich in der Gruft.“ Lola, Lisa und Tim schleichen drei Treppen hinab, bis sie im schimmeligen Keller stehen. Rechts ist eine Tür. Durch die Ritzen sehen die drei Freunde einen blauen Lichtschein.
„Da müssen wir rein“, sagt Lola.
„Ich würde viel lieber ins Bett gehen“, meint Lisa.
„Papperlapapp!“, sagt Lola. „Den Spuk müssen wir erleben.“
Und Tim sagt: „Ich pass schon auf dich auf, Lisa.“

Lola öffnet die Tür. Lisa schreit. Tim keucht, und Lola schlägt die Hände vor den Mund. In der Gruft tanzen unzählige schimmernde Gestalten um einen schwarzen Weihnachtsbaum.

Sie murren und knurren, sie heulen und klagen, sie jubeln und lachen. Der Gespenstertanz ist gleichzeitig furchtbar schaurig und wunderbar schön. Und mittendrin, in den Armen eines bläulichen Gespenstes mit Schwert und durchsichtiger Rüstung, wirbelt keine andere als Tante Elli. Sie lächelt so, dass man ihre Runzeln nicht mehr sieht.

Finde alle Buchstaben im Wimmelbild.
Setze sie in den Satz ein.

He__e Lill_ und _lown Fredd_ machen __atsch: Sie tri__en hei_en Tee durch Strohhalme und spu__en ihn in hohem Bogen wieder aus!

Einsterns Schwester

Heute steigt in Lisas und Tims Schule
das große Sportfest. Lisa spielt Volleyball.
Ihre Mannschaft gewinnt haushoch
gegen die Mädchen aus der anderen Klasse.
„Super, Lisa!“, schreit Tim.
„Lisa vor! Lisa vor!“, jubelt Lola.

Ganz außer Atem kommt Lisa
bei ihren Freunden an.
„Das war ein tolles Spiel!“, freut sie sich.
„Hoffentlich ist eure Mannschaft auch so
spitze in Form, Tim.“
„Gar kein Problem“, meint Tim. „Wir sind fit!“
„Außerdem habt ihr einen super Torwart“,
sagt Lola und klopft ihrem Bruder auf
die Schulter.

Lisa lacht. „Dabei hat Einstern solche X-Beine!
Alle anderen Fußballer kriegen vom Kicken
eher O-Beine wie Tim."
Einstern wird rot.
Tim legt den Arm um Einstern.
„Für einen Torwart ist das sehr praktisch.
Dann fliegen die Bälle nicht zwischen
seinen Beinen durch."

Lisa und Lola kichern. Tim, Einstern und der
Rest der Mannschaft laufen auf den Platz.
Dann hören sie die Pfeife des Schiedsrichters.
Das Spiel beginnt!

Sofort erkämpft sich die gegnerische Mannschaft den Ball. Der Stürmer läuft an Tim vorbei auf Einstern zu. Er schießt scharf auf das Tor, doch Einstern springt hoch und fängt den Ball. „Jippie!“, jubeln Lisa, Lola und die anderen Zuschauer.
Doch was ist das? Beim Landen knickt Einstern um. Er stolpert, und der Ball kullert aus seinen Händen direkt ins Tor.

„Eigentor!“, stöhnen die Zuschauer.
„Aua, au!“, stöhnt Einstern.
Tim und Lola eilen zu Einstern. Er hockt vor dem Tor und hält sich den Knöchel.
„Ich bin umgeknickt“, heult Einstern. „Tut das weh!“
Der Schiedsrichter untersucht Einstern und entscheidet: „Du musst zum Arzt.
So kannst du nicht
Fußball spielen.“

Die Klassenlehrerin kommt dazu.
„Ich bring dich zum Arzt“, sagt sie.
Einstern humpelt mit hängendem Kopf davon.
Der Schiedsrichter pfeift, und das Spiel geht weiter.
„Was soll das?“, ruft Lola. „Ohne Torwart kann man nicht spielen!“
„So sind eben die Regeln“, erklärt Lisa. „Nun muss Tims Mannschaft sich extra anstrengen.“

„Ohne Torwart und null zu eins im Rückstand?“, fragt Lola.
Lisa seufzt. „Das sieht nicht gut aus.“
Lola überlegt eine Weile.
Auf dem Spielfeld kassiert Tims Mannschaft noch ein Gegentor. Null zu zwei! Sie muss etwas unternehmen.
„Ich geh mal gucken, wo Einstern bleibt“, sagt Lola.
Lisa nickt. „Okay.“

Fünf Minuten später klopft jemand Lisa auf die Schulter. Sie dreht sich um.
„Einstern! Ist dein Fuß in Ordnung?“
„War halb so wild“, murmelt Einstern.
„Ich spiele jetzt weiter. He, Schiri!“
Der Schiedsrichter pfeift, und Einstern darf seinen Platz im Tor einnehmen.
Seine Mannschaft jubelt.
„Jetzt packen wir ’s!“, ruft Tim. „Angriff!“
Tim und seine Freunde spielen mit neuem Mut.
Lutz, der Stürmer, schießt ein Tor.
Anschlusstreffer! Nur noch eins zu zwei.
Die Gegner greifen wieder an, doch Einstern fischt den Ball im letzten Moment aus der Ecke des Tors. Dann schießt er den Ball so schwungvoll weg, dass er direkt auf das gegnerische Tor zufliegt.
Tim springt hoch, köpft und …

„Toooor! Ausgleich!“, jubelt Einstern und hüpft vor dem Kasten auf und ab.
„Sein Fuß war ja schnell wieder heile“, wundert sich Lisa.
Da rutscht Einstern die Mütze vom Kopf.
Zwei rote Rattenschwänze fliegen um seine Ohren. „Lola!“, schreit Lisa.

Der Schiedsrichter pfeift. „Na, ich weiß nicht“, sagt er. „Das ist aber gegen die Regeln.“
Lola lacht. „Seien Sie nicht so streng, Schiri.
Ich bin immerhin Einsterns Schwester!“

Das Spiel endet zwei zu zwei unentschieden.
Tims Mannschaft, Lola und Lisa sind sehr zufrieden. Die Gegner auch.
Und dann feiern alle zusammen eine große Party. Auch Einstern ist mit seinem Gipsfuß dabei.
Und Einsterns Schwester.

Die schwarze Katze

„Lola, besuchst du uns heute?“, fragt Tim.
„Unser Papa ist ein großer Tierfreund“, erklärt Lisa. „Er will uns alle seine Schützlinge zeigen!“
„Was für Tiere denn?“, fragt Lola.
„Och, so bunte Fische und Schnecken“, sagt Lisa.
„Und Quallen und Spinnen auch“, sagt Tim.
„Toll!“, sagt Lola. „Ich komme gerne.“

Am Nachmittag klingelt Lola bei Tim und Lisa an der Tür. Lisas und Tims Vater begrüßt Lola freundlich.
„Hallo, Lola. Ich bin Herr Wagner.
Magst du Fische?“
„Tag, Herr Wagner“, sagt Lola. „Ich finde alle Tiere toll. Was haben Sie denn für welche?“

Herr Wagner zeigt auf ein großes Aquarium voller Fische in allen Farben
des Regenbogens.
„Die hübschen orangefarbenen hier, das sind Clownfische.“
„Schön!“, sagt Lola. „Was sind das für Wesen, die aussehen wie Regenschirme?“
„Das sind meine Lieblingstiere!“, ruft Tim.
„Es sind keine Fische, sondern Quallen.
Sie bestehen fast nur aus Wasser.“
„Lustig!“, findet Lola.

Lola guckt sich um. „Herr Wagner“, wundert sie sich. „Warum ist denn da hinten der Deckel offen?
Laufen die Tiere dann nicht weg?“

Herr Wagner wird blass. „Die Giftspinnen!“
Er knallt den Deckel zu und zählt seine Schützlinge.
„Oh Schreck, eine ist entwischt!“
Lola guckt genau hin. Neben dem Terrarium entdeckt sie einen schwarzen Fleck.
„Da sitzt sie.“
Herr Wagner stellt ein Glas über die Spinne.
Dann setzt er sie vorsichtig zurück in ihr Zuhause.

„Kinder!“, donnert Herr Wagner.
„Wer von euch war das?“
„Ich nicht, Papa. Die Spinnen sind mir viel zu gruselig“, sagt Lisa.
„Tim?“, fragt Herr Wagner streng.
Tim schüttelt den Kopf. „Ich war auch nicht am Terrarium, Ehrenwort.“

Herr Wagner ist richtig ärgerlich.
„Zu den Tieren geht ihr nie wieder alleine, verstanden? Die Giftspinnen frei lassen … Nicht auszudenken, was alles hätte passieren können!“

Lola, Lisa und Tim gehen in Lisas Zimmer.
„Ihr habt den Deckel bestimmt nicht offen gelassen“, sagt Lola. „Aber wer dann? Und warum?
Wollte der Täter den Tieren schaden … oder euch?“

Lisa wird blass. „Du meinst, jemand hat die Giftspinnen mit Absicht frei gelassen?"
Tim nickt. „Lola hat Recht. Ein Versehen war es nicht. Bei offenem Deckel leuchtet ein rotes Warnlicht. Das kann man nicht übersehen."

„Aber wer tut so etwas?", fragt Lisa.
„Überlegt mal", sagt Lola. „Hat dein Vater Streit mit einem Nachbarn? Oder habt ihr einen kauzigen alten Onkel?"
Tim und Lisa denken nach. „Nein", sagen sie. „Papa ist nett. Er versteht sich mit allen Leuten prima!"

„Wir schleichen noch mal zu den Tieren“, schlägt Lola vor, „und sichern alle Spuren.“
Die drei Freunde tapern vorsichtig durchs Haus. Alle Deckel der Aquarien und Terrarien sind sicher geschlossen.
„Hier liegt eine Büroklammer“, sagt Lisa.
„Und ziemlich viel Staub“, sagt Tim.
„Ich habe was!“, ruft Lola. „Eine rote Socke! Sie liegt hinter dem Terrarium. Ob sie dem Täter gehört?“
„Die ist von unserer Katze Coco“, lacht Lisa.
„Sicher vermisst sie ihr Spielzeug schon.“

Lisa und Tim suchen weiter nach Spuren, aber Lola überlegt. „Eine Katze?“, sagt sie. „Katzen jagen alles, was sich bewegt. Vielleicht jagen und fressen sie sogar Spinnen.“
„Waaaas?“, wundert sich Lisa.
„Du meinst, Coco …?“

„Na, klar!“, ruft Tim. „Coco war auf der Treppe, als wir mit Papa runter zu den Fischen gingen.“
Lola nickt. „Bestimmt wollte sie sich gerade eine Spinne als Snack genehmigen, aber ihr habt sie erschreckt.“
„Und beim Weglaufen hat sie ihre Socke vergessen“, meint Lisa.
Lola geht zur Tür. „Los, wir erzählen alles eurem Papa.“

„Coco ist die Täterin?“ Herr Wagner nimmt Tim und Lisa in den Arm. „Tut mir leid, dass ich euch in Verdacht hatte. Danke für deine Hilfe, Detektivin Lola!“
Lola lacht. „Schon okay, Herr Wagner. Wollen wir nun die anderen Tiere angucken? Nur diesmal ohne Gift, bitte!“